재미있는
수수께끼
천국

편집부편

와이앤엠

차 례

재미있는
수수께끼
천국

🌳 비둘기의 나이는?

🌳 다리가 달린 산은?

🌳 객이 들어가서 주인을 밖으로 쫓아내는 것은?

🌳 발버둥치는 사람이 많이 모이는 곳은?

🌳 오락실 가면 찾는 것은?

앞서갈게~

이런!

(9*9=81)   우산   열쇠   수영장   의자

🌳 가슴의 무게는?

🌳 백설공주가 일곱 난쟁이에게 밥상을 차려준 시간은

몇 분일까?

🌳 못 먹는 밥의 종류는 몇 가지일까?

🌳 타이타닉의 구명보트에는 몇 명이 탈 수 있을까?

🌳 Head는 머리, Line은 선, 그러면 Headline은?

🌳 깊은 산 속에 길 하나 나 있는 것은?

🌳 가면 좋은 사람은?

4근〈두근+두근〉 7분(일곱 난쟁이) 82가지→쉰밥(50)+서
른밥(30)+톱밥(1)+눈치밥(1) 9명 가르마 가르마 가면장사

9

🌳 보내기 싫으면?

🌳 추남이란?

🌳 추녀란?

🌳 간짜장이 일반 짜장보다 비싼 이유는?

🌳 방은 방인데 들어가기 싫은 방은 ?

🌳 천재와 바보가 결혼하면 어떤 아기를 낳을까?

🌳 '호랑이가 강에 갔다' 를 세 글자로 하면?

가위나 바위를 낸다   가을 남자   가을 여자   간 때문이야
감방   갓난아기   강간범

🌳 '찬이가 강에 놀러 갔다'를 세 글자로 줄이면?

🌳 친구 따라 가는 역은?

🌳 젖소와 강아지가 싸우면 누가 이기나?

🌳 개성미란 어떤 성미인가?

🌳 개구리가 낙지를 먹어버리면 무엇이 될까?

🌳 어릴 때 울지 못하고 어른이 되어서야 우는 것은?

~으르렁~! VS 음머~!

휘이익~ 우와~

강감찬　　　강남역　　　　강아지('너 졌소', '나 강하지')
개 같은　성미　　　　개구락지　　　　개구리

🌳 괴로와 못 사는 왕은?

🌳 '개가 사람을 가르친다'라는 사자성어는?

🌳 먹고 살기 위해 하는 내기는?

🌳 뛰면 주저앉고 주저앉으면 뛰는 것은?

🌳 가로 세로 두 줄에서 싸우는 것은?

🌳 자기가 말하고도 모르는 것은?

개로왕　　개인지도　　모내기　　널뛰기　　바둑　　잠꼬대

12

🌳 살아 있는 북은 ?

🌳 말은 말인데 타지 못하는 말은?

🌳 거지가 말을 타고 가는 것은?

🌳 사람들이 가장 싫어하는 거리는?

🌳 뛰어가면 대드는 것은?

🌳 자기 집을 등에 지고 이사하는 것은?

거문고   거짓말   거짓말   걱정거리   바람   달팽이

🌳 갈 때는 못 가고 안 갈 때 가야 하는 것은?

🌳 언제나 말다툼이 있는 곳은?

🌳 경로석이란?

🌳 경찰서의 반댓말은?

🌳 서울에서 부산까지 시속 200km로 달리는 자동차가 있다. 한 시간 뒤에 이 자동차는 어디에 있을까?

🌳 거리는 거리인데 사람이 다닐 수 없는 거리는?

건널목   경마장   경우에 따라 노인이 앉을 수 있는 자리
경찰 앉아   경찰서   목걸이

🌲 계절네 집 주소는?

🌲 키가 거꾸로 자라는 것은?

🌲 물고기 중에서 가장 학벌이 좋은 물고기는?

🌲 고래 2마리가 같이 소리 지르면?

🌲 중국의 유명한 뇌수술 전문의는?

🌲 고인돌이란?

계절도 오락가락하군 어쩌면 좋으리   고드름   고등어   고래고래
고리띵해 고릴라들이 인간을 돌맹이 취급 하던 시대

15

🌳 헌병이 가장 무서워 하는 사람은?

🌳 고양시의 마크는?

🌳 목수도 고칠 수 없는 집은?

🌳 자기들만이 옳다는 사람들만 사는 집은?

🌳 추장보다 높은 사람은?

🌳 중국에서 가장 유명한 술고래 이름은?

고물장수　고양이　고집　고집　고추장　곤드레만드레

🌲 남이 먹어야 맛있는 것은?

🌲 곰이 목욕하는 곳은?

🌲 먹어도 먹어도 배부르지 않은 것은?

🌲 사군자란?

🌲 돈을 받은 만큼 몸과 시간을 허락하는 것은?

🌲 자는 자인데 못 재는 자는?

아이 시원해~!

Good~

| 골탕 | 곰탕 | 공기 | 공자.맹자.장자.노자 | 공중전화 | 국자 |

🌲 무릎과 무릎 사이에 있는 것은?

🌲 넘어진 펭귄이 걷다가 또 넘어졌다. 뭐라고 말했을까?

🌲 물은 물인데 사람들이 가장 무서워하는 물은?

🌲 세탁소 주인이 가장 좋아하는 차는?

🌲 '아주 오래 전에 건설된 다리'를 네 글자로 하면?

🌲 엿장수가 가장 싫어하는 쇠는?

과 괜히 일어났네   괴물   구기자차   구닥다리   구두쇠

🌲 '스님이 길을 가다 구(9)를 보았다'의 줄임말은?

🌲 음력 설날에만 사용하는 물은?

🌲 지친 소방관이 제일 싫어하는 연예인은?

🌲 구하라왕이 궁에 들어가기 싫어하면?

🌲 귀빈이란?

🌲 '당신은 장동건보다 멋지다'를 4글자로 말하면?

구본승　구정물　구하라　궁시렁　귀찮은 빈대　그걸믿니

🌳언제나 잠자지도 않고 눈을 뜨고 있는 것은?

🌳부모님들이 좋아하는 동네는?

🌳불은 불인데 타지 않는 불은?

🌳늘 화가 나 있는 동네는?

🌳비는 비인데 꼭 피해 가야 하는 비는?

🌳건망증이 심한 사람들이 잘 가는 산은?

사진   효자동   염불   성내동   과소비   아차산

🌳 '개가 사람을 가르친다라'는 사자성어는?

🌳 살아 있는 북은?

🌳 구렁이의 형은 '십렁이'라고 한다. 그럼 구렁이의
동생은?

🌳 남자 뒤에 여자, 여자 뒤에 남자면 몇 사람일까?

🌳 들어갈 때는 검은 얼굴, 나올 때는 흰 얼굴은?

🌳 낮에 보아도 밤인 것은?

멍 멍멍

글쎄

까

선생님이 멍멍이야?

| 개인지도 | 거문고 | 구렁일 | 두 사람 | 연탄 | 먹는 밤 |

🌳 사람들이 가장 싫어하는 거리는?

🌳 앞을 가려야 잘 보이는 것은?

🌳 하루 아침에 온 세상을 보여주는 문은?

🌳 아플 때나 아프지 않을 때나 매일 온 가족이 쓰는 약은?

🌳 씨암탉의 천적은?

🌳 음식물이 오면 못 먹게 되는 중국의 도시는?

걱정거리   안경   신문   치약   사위   상해

🌳때리면 때릴수록 커지는 것은?

🌳이 세상에서 가장 큰 핀은?

🌳여러 가지 마크 중 가장 큰 마크는?

🌳겨울에 많이 찾는 끈은?

🌳토끼들이 제일 잘 하는 것은?

🌳진짜 문제 투성이인 것은?

종   필리핀   덴마크   따끈따끈   토끼기   시험지

🌳 비가 올 때 하는 욕을 영문자 세 자로 하면?

🌳 '다섯 그루의 나무'를 심으면 무엇이 될까?

🌳 과격한 테러를 금지하는 나라는?

🌳 가스가 가장 많이 나는 나라는?

🌳 옷 만드는 솜씨가 가장 뛰어난 나라는?

🌳 때리면 살고 안 때리면 죽는 것은?

다 열려잇네요?

BYC   오목   과테말라   부탄   가봉   팽이

🌳 광부들이 가장 많이 사는 나라는?

🌳 때리면 살고 안 때리면 죽는 것은?

🌳 앉으면 높아지고 서면 낮아지는 것은?

🌳 적에게 꽁무니를 보여야 이기는 것은?

🌳 언제나 잠자지도 않고 눈을 뜨고 있는 것은?

🌳 가위는 가위라도 못 쓰는 가위는?

케냐   팽이   천정   달리기   사진   한가위

🌳 깨뜨려야 좋은 것은?

🌳 인터넷에서 가장 자주 볼 수 있는 색은?

🌳 거지가 가장 싫어하는 색은 ?

🌳 사람들이 가장 싫어하는 색은?

🌳 '위대한 사람' 이란?

🌳 '일일생활권' 이란?

좋은데?

기록 검색 인색 질색 위가 큰 사람 차가 막혀서
어디나 하루가 걸린다

🌳 먹고 살기 위하여 누구나 한 가지씩 배워야 하는 술은?

🌳 불은 불인데 타지 않는 불은?

🌳 가장 긴 역은?

🌳 김밥이 죽어서 가는 곳은?

🌳 '보통 사람'이란?

🌳 '소는 소인데 도저히 무슨 소인지 알 수 없는 소'

　를 네 자로 줄이면?

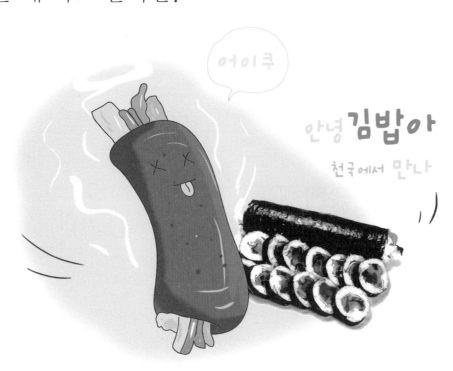

어이쿠

안녕 김밥아

천국에서 만나

기술　　　염불　　　길음역　　　김밥천국
보기만 해서는 통 알 수 없는 사람　　　모르겠소

🌳 이자 없이 꾸는 것은?

🌳 시력이 좋아도 눈을 크게 뜨고 볼 수 없는 것은?

🌳 '코끼리 두 마리가 싸움을 하다가 코가 빠졌다'를 네 글자로 하면?

🌳 IQ 30이 생각하는 산토끼의 반대말은?

🌳 겨울에는 옷을 벗고 여름에는 옷을 입는 것은?

🌳 소는 소인데 날로 먹는 소는?

꿈   꿈   끼리 끼리   끼토산   나무가지   채소

28

🌳 대학인 척하는 역은?

🌳 세계에서 축구공이 가장 많은 나라는?

🌳 남녀평등이란?

🌳 태풍이나 폭풍우보다 더 무서운 비는?

🌳 길어질수록 다른 한 쪽이 짧아지는 것은?

🌳 혼자서는 못 타고 둘 이상이 되어야 탈 수 있는 소는?

낙성대역   남아프리카공화국[남아공]
남자나 여자나 모두 등이 평평하다.   낭비   낮과 밤   시소

🌲노루가 다니는 길은?

🌲돈을 한 푼도 안 쓰고 만든 역은?

🌲여행을 할 때 반드시 돈을 가지고 가야한다고 주장

한 중국의 학자는?

🌲슈렉의 어머니가 가입한 단체는?

🌲세상에서 가장 깨끗한 소는?

노르웨이   노원역   노자   녹색 어머니회   청소

🌳 '당신은 비를 아십니까?'를 4자로 줄이면?

🌳 창피한 것도 모르고 체면도 없는 사람의 나이는?

🌳 병신들만 사는 나라는?

🌳 한 명이 일어나면 한 명이 책 보는 곳은?

🌳 노약자란?

🌳 소 중에서 가장 예쁜 소는?

너비아니   넉살   네팔   노래방   노련하고 약삭 빠른 사람   미소

🌳 세상에서 가장 무거운 풀은?

🌳 남녀가 자고 나면 생기는 것은?

🌳 굴리면 굴릴수록 커지는 것은?

🌳 눈이 녹으면 뭐가 될까?

🌳 기뻐도 나오고 슬퍼도 나오고 매워도 나오는 것

🌳 은?

🌳 새로운 욕이 발명 되는 곳은?

🌳 일본에서 낚시를 제일 잘하는 사람은?

왜이리 무거워?

눈꺼풀 눈꼽 눈덩이 눈물 눈물 뉴욕 다나까

🌳 프랑스에 단 두 대밖에 없는 사형 기구는?

🌳 고체를 쪼개면 액체가 나오고 그 액체를 가열하면 다시 고체가 되는 것은?

🌳 침대에 날달걀을 놓고 그 위에 방석을 깔고 앉으면?

🌳 닭이 길을 가다가 넘어지는 소리를 2자로 하면?

🌳 세상에서 제일 맛있는 집은?

🌳 몸을 버리고 결국 짓밟히는 것은?

계란이 여기 있네? 보여??

단두대　달걀　달걀이 터진다.　닭 꽝!　닭똥집　담배꽁초

🌲 언제나 말다툼이 있는 곳은?

🌲 늘 화가 나 있는 동네는?

🌲 요리사는 어떤 웃음소리를 내나?

🌲 떡 중에 가장 급하게 먹는 떡은?

🌲 입방아를 찧어 만든 떡은?

🌲 해에게 오빠가 있다. 이름이 무엇일까?

경마장	성내동	쿡쿡쿡	헐레벌떡
쑥떡쑥떡		해오라바	

🌳 서울에서 부산까지 시속 200km로 달리는 자동차가 있다. 한 시간 뒤에 이 자동차는 어디에 있을까?

🌳 '엉엉 울다가 하하 웃는 사람'을 다섯 자로 줄이면?

🌳 '공을 차려다 신발이 날아간 아이'를 뭐라고 하나?

🌳 날아다니는 개는 솔개이다. 그러면 날아다니는 꼬리는?

🌳 가운데에 큰 구멍이 났는 데도 물에 가라앉지 않는 것은?

🌳 누구나 즐겁게 읽는 글은?

경찰서   아까운 사람   신나는 아이   꾀꼬리   튜브   싱글벙글

🌳 화장실에 가면 소변과 대변 중 어느 것이 먼저 나올까?

🌳 글 중에서 가장 어지러운 글은?

🌳 속이 끓어오르는 사람이 쓴 글은?

🌳 등장 인물이 무척 많은 글은?

🌳 사랑으로 불타는 청년이 쓴 글은?

🌳 때리고 훔치는 데도 칭찬받는 사람은?

급한 것 빙글빙글 부글부글 바글바글 이글이글 야구 선수

🌳 라면은 라면인데 달콤한 라면은?

🌳 동물원의 배고픈 사자가 철창 밖에 있는 사람들을

보고 한 말은?

🌳 그늘에만 들어가면 달아나는 것은?

🌳 양심 있는 사람이나 없는 사람이나 모두 시꺼먼 것은?

🌳 반성문을 영어로 하면?

🌳 어느 학교에서 피구를 하던 학생이 죽었다. 왜일까?

그대와 함께라면   그림의 떡   그림자 그림자 글로벌   금밟아서

🌳 닭은 닭인데 먹지 못하는 닭은?

🌳 일본에서 60년대 유명한 흉악범 이름은?

🌳 모든 소들이 밭에서 일하고 있는데 옆에서 놀고 있는 소는?

🌳 암탉은 어느 집에서 시집 왔을까?

🌳 세상에서 제일 더럽고 추잡스럽기 짝이 없는 개는?

🌳 천자문의 첫 자와 둘째 자는 얼마만큼 차이가 날까?

까닭 깐이마 또까 깜찍이 소다 꼬꼬댁 꼴불견 천지 차이

🌳 가지는 가지인데 못 먹는 가지는 ?

🌳 비가 자기 소개를 하면?

🌳 먹으면 죽는데 안 먹을 수 없는 것은?

🌳 위에서는 소용 없고 밑에서만 사용하는 것은?

🌳 노인들이 가장 좋아하는 폭포는?

🌳 이 세상에서 가장 돈이 많은 나무는?

안녕하세요 비예요

나무가지   나비야   나이   책받침   나이야가라폭포   은행나무

🌳 뇌물을 아주 좋아하는 왕은?

🌳 김치만두가 김치에게 한 말은?

🌳 펭귄이 다니는 중학교는?

🌳 펭귄이 다니는 고등학교는?

🌳 아무리 많이 모아도 결국에는 버리는 것은?

🌳 누르거나 돌릴 때마다 딴소리를 하는 것은?

내물왕 내안에 너있다 냉방중 냉장고 쓰레기 라디오

도둑이 가장 싫어 하는 아이스크림은?

머리를 감을 때 가장 먼저 어디를 감을까요?

가까이 있으면서도 서로 못 보는 것은?

눈치코치란?

새 중에서 가장 빠른 새는?

발로도 긁을 수 없는 등은?

어디에 있니?

에이구
이런

누가봐   눈   눈과 눈썹   눈치고 코치는 것   눈 깜짝할 새   손등

🌳 미국에서 잘나가는 여자 강도는?

🌳 젖소에게 4개 있고 여자에게는 2개 있는 것은?

🌳 사람을 다 일어서게 만드는 숫자는?

🌳 얼음이 죽으면?

🌳 아몬드가 죽으면?

🌳 불은 불인데 닿아도 뜨겁지 않은 불은?

다내노란 마리아   다리   다섯   다이빙   다이아몬드   가시덤불

🌲 미소의 반댓말은?

🌲 귀는 귀인데 걸어다니고 뛰어다니는 귀는?

🌲 재수 없는데 재수 있다고 하는 것은?

🌲 세균 중에 가장 높은 세균은?

🌲 세상에서 가장 게으른 곤충은?

🌲 종일 가도 쉬지 않고 가는 것은?

당기소   당나귀   대입   낙방   대장균   대충 시냇물

🌳안드로이드의 반대말은?

🌳축구할 때 먹는 아이스크림은?

🌳'이것이 코다'를 세 글자로 줄이면?

🌳겨울에 많이 쓰는 끈은?

🌳'딸기가 회사에서 짤렸다'를 네 글자로 하면?

🌳마당에 나가 땅을 파면 무엇이 나올까?

드로이드   드록바   디스코   따끈따끈   딸기 시럽   땀

🌳 제일 시끄러운 역은?

🌳 오뎅을 다섯 글자로 늘이면?

🌳 길가에서 죽은 사람을 무엇이라 하는가?

🌳 콩쥐의 깨진 독을 수리해 준 사람들은?

🌳 다른 때는 안 짓고 비 올 때만 시끄러운 개는?

🌳 다리 둘에 갈비뼈밖에 없는 것은?

누가 고쳐 주지?

내가 불러왔어

대화역	뎅뎅뎅뎅뎅(5뎅이니까)	도사
독수리오형제	번개	사다리

여 름

🌳 지진 났을 때 절대 하면 안 되는 노래는?

🌳 동문서답이란 무엇인가?

🌳 아버지가 2명이고 엄마가 1명인 아이는?

🌳 길바닥에 천 원, 만 원 짜리가 있다. 무엇부터 주어

야 할까?

🌳 뒤에서 소리가 나면 돌아보는 까닭은?

🌳 다리가 넷이나 있으나 스스로 못 걷는 것은?

동요   동쪽 문을 닫으니까 서쪽 문이 답답하다

두부 한 모   둘다   뒤통수에 눈이 없으니까   사다리

🌳 놀고 먹는 사람은?

🌳 로빈이 웃으면?

🌳 미국 대통령 중 바지가 잘 흘러내리기로 유명한 사람은?

🌳 세상에서 가장 잘하는 골키퍼는?

🌳 위에서 아래로 내려올 수만 있는 산은?

🌳 한 살에서 열다섯 살까지는 잘 자라다가 다시 작아

　지는 것은?

🌳 많이 맞을수록 좋은 것은?

레크리에이션 지도자　　　로빈훗　　　루즈벨트(lose belt)
마그마　　　낙하산　　　달　　　시험문제

🌳 판사, 검사, 변호사 중에 누가 가장 큰 모자를 쓸까?

🌳 가지도 없이 잘 자라는 것은?

🌳 차는 차인데 앞으로 가지 않고 제자리에서만 도는 차는?

🌳 주머니는 주머니인데 자기 혼자 움직이는 주머니는?

🌳 도둑이 훔친 돈을 뭐라고 하나?

🌳 아저씨가 제일 좋아하는 돈은?

머리가 큰 사람   머리털   풍차   아주머니   슬그머니 아주머니

🌳 검은 물을 줘야 즐거워서 흰 벌판을 달리며 일하는 것은?

🌳 서울의 1번지는 시청이다. 그렇다면 시청에서 가장 먼 곳은?

🌳 할아버지가 제일 좋아하는 돈은?

🌳 풀 중에서 가장 좋은 풀은?

🌳 자루는 자루인데 아무 것도 담을 수 없는 자루는?

🌳 세상에서 가장 작은 시장은?

| 만년필 | 만리동 | 할머니 | 원더풀 | 빗자루 | 벼룩시장 |

🌳나무를 주면 살고 물을 주면 죽는 것은?

🌳모범생이란?

🌳소는 소인데 도저히 무슨 소인지 알 수 없는 소를 4자로 줄이면?

🌳털이 긴 남자를 네 글자로 하면?

🌳자전거를 싸이클이라고 한다. 그럼 자전거를 못 탄다는 말은?

모닥불   모든 것이 평범한 학생   모르겠소
　　모자란 놈   모타 싸이클

🌳감은 감인데 먹지 못하는 감은?

🌳미꾸라지의 반대말은?

🌳아무리 예뻐도 미녀라고 못하는 이 사람은?

🌳음악을 좋아하는 도시는?

🌳미남이란 어떤 사람인가?

🌳 세상에서 가장 깨끗한 욕은?

물감　　미꾸스몰　　미남
미래도시 (도시라솔파'미래도시'라) 미련한 남자　목욕

51

🌳 술은 술인데 어린이가 배워도 되는 술은?

🌳 무가 날씬해지면?

🌳 세상에서 가장 아름다운 개는?

🌳 의식주 가운데 식(食)이 가장 중요하다고 주장한
중국의 학자는?

🌳 머리에 다리가 달린 것은?

🌳 다리는 다리인데 껑충껑충 뛰게 만드는 다리는?

무술 무슬림 무지개 묵자 문어, 낙지, 오징어 징검다리

🌳 법적으로 바가지 요금을 받아도 되는 장사는?

🌳 기둥 하나에 귀 하나 달린 것은?

🌳 IQ 100이 생각하는 산토끼의 반대말은?

🌳 검둥이와 흰둥이가 싸우는 것을 두 글자로 하면?

🌳 바보란?

🌳 세상 사람들이 가장 좋아하는 영화는?

🌳 가장 쓸모 없는 구리는?

| 바가지 장사 | 바늘 | 바다 토끼 | 바둑 |
| 바라볼수록 보고 싶은 사람 | | 부귀영화 | 멍텅구리 |

🌳돼지가 방귀 뀌면?

🌳파리 중에 가장 무거운 파리는?

🌳굴은 굴인데 못 먹는 굴은?

🌳사자를 넣고 끓인 국은?

🌳다리는 다리인데 껑충껑충 뛰게 만드는 다리는?

🌳빵은 빵인데 먹지 않고 걸치고 다니는 것은?

몇 도대체 근 이야?

돈가스   둘파리   동굴   동물의 왕국   징검다리   멜빵

🌳 땅 투기꾼과 인신 매매범을 7자로 줄이면?

🌳 공기 1kg과 금 1kg 중 어느 것이 더 무거울까?

🌳 '문 두드리는 여자'를 다른 말로 하면?

🌳 세상에서 제일 더러운 집은?

🌳 태풍에 날아가 버린 그 산의 이름은?

🌳 무는 무인데 늘었다 줄었다 하는 것은?

왜 자꾸 따라오는 거야?

통

같이가

땅팔자 사람팔자   똑같다   똑똑한 여자   똥~집   풍비백산   고무

🌳미모는 정말 예쁘지만 속이 텅 빈 여자는?

🌳귀에 걸면 귀걸이, 코에 걸면 코걸이, 입에 걸면 무엇이라고 해야 하나?

🌳모두가 자기 산이라고 주장하는 산은?

🌳우리 엄마를 영어로 하면?

🌳하루를 살다 죽어도 만 년 살았다고 하는 것은?

🌳방울은 방울인데 소리가 나지 않는 방울은?

마네킹   마스크   마이산   마이애미   만년필   솔방울

🌲 쓰레기통의 뚜껑은 왜 달려 있을까?

🌲 구리는 구리인데 쓸모 없는 구리는?

🌲 세상에서 제일 큰 코를 가진 사람은 어느 나라에 살고 있을까?

🌲 건망증이 심한 사람들이 잘 가는 산은?

🌲 칼로 벌어 먹는 사람은?

🌲 짐을 지면 가고 안 지면 안 가는 것은?

멀로 하지?

먼지가 들어갈까봐   멍텅구리   멕시코   아차산   면도사   신발

🌳 못 사는 사람들이 하는 직업은?

🌳 때돈을 벌려면 어떻게 해야 하나?

🌳 세상에서 제일 무서운 전화기는?

🌳 시 중에서 가장 무서운 시는?

🌳 발은 발인데 머리꼭대기에 있는 발은?

🌳 가면 갈수록 늘어나는 것은?

목수　목욕탕을 차린다　무선전화기　으시시　가발　주름살

🌲 미녀란 어떤 사람인가?

🌲 한 번 들어가면 절대 못 나오는 역은?

🌲 수험생이 가장 싫어하는 국은

🌲 사람의 신체 일부를 볶아 먹고 사는 사람은?

🌲 미련하고 천한 왕은?

🌲 나면서부터 늙은 것은?

미련한 여자   미아역   미역국   미용사   미천왕   할미꽃

🌳 고양이를 무서워하지 않는 쥐는?

🌳 '박사와 학사는 밥을 많이 먹는다'를 네 자의 고사

성어로 하면?

🌳 소가 반갑다고 인사하는 말은?

🌳 버스는 버스인데 바다를 건넌 버스는?

🌳 귀는 귀인데 네 발이 달린 귀는?

🌳 집이 걸어가는 것은?

박쥐   박학다식(博學多食)   반갑소   콜롬버스   당나귀   가마

🌲 공기는 공기지만 숨 못 쉬는 공기는?

🌲 밥만 먹고 나면 목욕하는 것은?

🌲 부인이 남편에게 매일 같이 주는 상은?

🌲 위대한 사람이란?

🌲 이쪽 벽이 저쪽 벽보고 한 말은 ?

🌲 조개는 조개인데 먹을 수 없는 조개는?

밥공기 밥그릇 밥상 위가 큰 사람 방구석에서 만나자 보조개

🌳숫자 나라에 사는 강아지 이름은?

🌳세종 대왕이 가장 아끼던 성은?

🌳'뱀이 불에 타는 것'을 네 글자로 줄이면?

🌳세상에서 가장 황당한 미용실 이름은?

🌳동화는 동화인데 읽지 못하는 동화는?

🌳세상에서 가장 무서운 알은?

백구   백성   뱀파이어   버르장 머리   운동화   총알

🌳 늘 우리가 잠잘 때 곁을 지켜 주는 게는?

🌳 '턴이라는 아이가 침대를 밀었다'를 4글자로 줄이면?

🌳 배울 것 다 배워도 여전히 배우라는 말을 듣는 사람은?

🌳 어부들이 싫어하는 남자 가수는?

🌳 탈 중에 쓰지 못하는 탈은?

🌳 귀는 귀인데 네 발이 달린 귀는?

배게　　　배드민턴　　　배우　　　배철수　　　배탈　　　당나귀

하늘에 별이 없으면 어떻게 될까?

하늘에는 총이 두 개 있고 땅에는 침이 두 개 있다. 이를 무엇이라고 해야 하나?

의사와 엿장수가 좋아하는 사람은?

바이러스, 세균, 프리온 등을 다스리는 최강의 신의 이름은?

문은 문인데 닫지 못하는 문은?

별볼일 없다   별총총, 어둠침침   병든 사람   병신   소문

🌳 경찰서가 가장 많이 불타는 나라는?

🌳 소화가 잘 안 되는 배는?

🌳 식인종이 교도소 안에 있는 사람을 보면 무엇이라고 할까?

🌳 성냥만 있고 담배는 없는 사람을 무엇이라고 하나?

🌳 직장에서 가장 무서운 상사는?

🌳 태어나서 머리를 한 번도 안 자른 것은?

불란서   불량배   불량식품   불만 있는 사람   불상사   붓

🌳 거지가 가장 좋아하는 욕은?

🌳 청소부들이 자주 가는 중국집 이름은?

🌳 우유가 웃으면?

🌳 늘 얻어맞고 비틀리고 눈물 짜야 되는 것은?

🌳 물은 물인데 사람들이 가장 좋아하는 물은?

🌳 물은 물인데 잘 보이지 않는 물은?

빌어먹을   빗자루   빙그레   빨래   선물   괴물

🌳 억수같은 폭우가 쏟아지는 곳은?

🌳 일본에서 가장 날씬한 사람은?

🌳 공중 화장실이란?

🌳 스튜어디어스는?

🌳 병은 병인데 못 고치는 병은?

🌳 물은 물인데 물고기들이 싫어하는 물은?

비무장지대   비사이로 마까   비행기 안의 화장실
비행소녀   빈병   그물

🌲 병아리가 제일 잘 먹는 약은?

🌲 아침에 4발, 점심에 2발, 저녁에 3발로 다니는 동물은?

🌲 돼지가 꿀꿀 하는 이유는?

🌲 물 없는 사막에서도 할 수 있는 물놀이는?

🌲 비에게 사우디를 아냐고 물어볼 때는?

🌲 마시지도 않고 보기만 했는 데도 정신이 없어지는 술은?

삐약 사람	사람들이 꿀을 주지 않아서
사물놀이	사우디아라비아 마술

🌳 어린 물고기를 두 글자로 말하면?

🌳 길거리에서 시주를 받는 스님들을 무슨 중이라고 하나?

🌳 영빈이란?

🌳 하느님이 쇼핑을 하다가 맘에 드는 옷을 발견할 때 하는 말은?

🌳 감은 감인데 어른보다 어린이가 더 좋아하는 감은?

🌳 세상에서 가장 힘 없는 닭은?

영어   영업중   영원한귀빈   예루살렘   장난감   꼴가닥

🌳바람이 잘 하는 것은?

🌳왕과 작별할 때 하는 인사는?

🌳병아리가 제일 좋아하는 약은?

🌳공 중에서 사람들이 모두 좋아하는 공은?

🌳눈은 눈인데 보지 못하는 눈은?

🌳다리는 다리인데 아무도 보지 못한 다리는?

바람피기 바이킹 삐약 성공 티눈, 쌀눈 헛다리

🌳방바닥보다 높은 바닥은?

🌳곰을 뒤집으면 문이 된다.소를 뒤집으면?

🌳바람을 일으키는 것은?

🌳따끔이 속에 빤질이, 빤질이 속에 털털이, 털털이

　속에 얌얌이가 있는 것은?

🌳묵은 묵인데 먹지 못하는 묵은?

🌳개는 개인데 물지 않는 개는?

또
걸렸네~

야호~

발바닥　　발버둥친다　　발암물질　　밤　　침묵　　안개

🌳 행복한 사람들만 모인 나라는?

🌳 '방자가 향단이를 사랑하는 마음'을 세 글자로 줄이면?

🌳 불장난 하다 사고 친 역은?

🌳 누워서 일하는 것은?

🌳 병은 병인데 고치지 못하는 병은?

🌳 인도로 가면 안 되는 것은?

방글라데시   방향제 / 방향성   방화역   배게   빈병   차

🌳 기둥 끝에 지붕 하나인 것은?

🌳 세상에서 가장 빠른 개는?

🌳 공은 공인데 가지고 놀 수 없는 공은?

🌳 차두리가 구석에 가면?

🌳 앞을 못보는 사람을 시각장애인이라고 하는데, 그럼 뒤를 못보는 사람은?

🌳 문은 문인데 떠돌아다니는 문은?

버섯   번개   뱃사공   변두리   변비 환자   소문

🌳세상에서 가장 높은 고개는?

🌳고개는 고개인데 보이지 않는 고개는?

🌳도둑이 가장 좋아하는 아이스크림은?

🌳갈 때는 하늘을 보고 올 때는 땅을 보는 것은?

🌳세계에서 가장 조용한 세계는?

🌳이 세상을 못쓰게 만들고 있는 것은?

보릿고개 보릿고개 보석바 그네 거울 속의 세계 목수

🌲나무를 주면 살고 물을 주면 죽는 것은?

🌲나폴레옹의 묘 이름은?

🌲장사꾼들이 싫어 하는 경기는?

🌲물고기의 반대말은?

🌲불에 타는 국사책을 세 글자로 하면?

🌲똥은 똥인데 다른 곳으로 튀는 똥은?

🌲남의 비밀을 품 속에 간직한 것은?

불 불가능 불경기 불고기 불국사 불똥 우체통

🌳거꾸로 서서 일하는 것은?

🌳뛰는 놈 위에 날으는 놈, 날으는 놈 위에는?

🌳커피의 나라는 브라질이다.그럼 밀크의 나라는?

🌳푸른 집은 영어로 블루하우스, 하얀 집은 화이트하

우스, 그럼 투명한 집은?

🌳연예인 비의 매니저가 하는 일은?

붓   붙어가는 놈   브라자   비닐하우스   비만관리

🌳젖은 옷은 입고 마른 옷은 벗는 것은?

🌳귀는 귀인데 듣지 못하는 귀는?

🌳뽀가 떠날 때 하는 말은?

🌳송해가 샤워하면?

🌳갓은 갓인데 먹는 갓은?

🌳밤낮 눈을 뜨고 서 있는 것은?

빨랫줄   뼈다귀   뽀빠이   뽀송해   목수   쑥갓   장승

🌳 세상에서 가장 잔인한 비빔밥은?

🌳 산타가 싫어하는 차는?

🌳 산에서 불이 났다. 이때 손자가 할아버지께 한 말은?

🌳 성이 3개가 불타고 있는 것을 뭐라고 하는가?

🌳 감은 감인데 쳐다보기도 힘든 감은?

🌳 아라비아 숫자에서 0과 9를 빼면?

산채 비빔밥   산타페   산타할아버지   삼성화재   상감   영구없다

🌳 4살에게 5살이냐고 물으면 뭐라고 할까?

🌳 짱구와 오징어의 차이점은?

🌳 숫자 5가 제일 싫어하는 집은?

🌳 서로 진짜라고 우기는 신은?

🌳 신발 장수와 에누리하는 손님 간에 오가는 대화는?

🌳 아무리 쓰려고 해도 내게 맞지 않는 탈은?

오세아니아   오징어는 말릴 수 있지만 짱구는 못 말려

오페라하우스   옥신 각신   옥신각신   배탈

🌳가장 더러운 강은?

🌳오리들이 사는 역은?

🌳거만한 사람이 많은 나라는?

🌳다섯 그루의 나무로 된 역은?

🌳더러워서 내야 하는 것은?

🌳컵라면 먹을 때 오는 역은?

요강   오리역   오만   오목교역   오물수거비   온수역

🌳물고기가 살 수 없는 강은?

🌳요조숙녀란?

🌳둘리가 다니는 고등학교는?

🌳세계에서 데모를 가장 많이 하는 나라는?

🌳제삿날과 생일이 같은 생물은?

🌳금은 금인데 도둑고양이에게 가장 어울리는 금은?

이렇게 하는건가?

모르겠는데..

요강 요리보고 조리보고 빙하타고 우간다 하루살이 야금야금

🌳 일본에서 가장 마음이 약한 자매 이름은?

🌳 '소가 웃는 소리'를 세 글자로 하면?

🌳 산타할아버지가 싫어하는 면 종류는?

🌳 코미디언들이 소재를 찾아 헤메는 거리는?

🌳 계절에 관계 없이 사시사철 피는 꽃은?

🌳 세상에서 가장 빠른 닭은?

우짜꼬, 우야꼬　우하하　울면　웃음거리　웃음꽃　후다닥

🌳 반드시 모자를 벗어야만 일을 할 수 있는 곳은?

🌳 전주 비빔밥의 반댓말은?

🌳 별 중에 가장 슬픈 별은?

🌳 산타 할아버지가 아이들에게 절대 줄 수 없는 선물은?

🌳 고기를 먹을 때마다 쫓아다니는 개는?

🌳 무엇을 할지 몰라 왔다갔다 하는 왕은?

이발소, 미장원   이번주 비빔밥   이별   양말   이쑤시개   우왕좌왕

🌳 4월에 가는 역은?

🌳 하나님도 부처님도 다 싫어하는 비는?

🌳 눈깜짝할 사이에 돈 버는 사람은?

🌳 노처녀가 사촌이 땅 산 것보다 더 배가 아플 때는?

🌳 4군데에서 불이 나면?

🌳 형은 형이데 가장 무서운 형은?

사월역   사이비   사진사   사촌이 시집갔을 때   사파이어   사형

🌳 겁쟁이들이 가지고 다니는 돌 열 개는?

🌳 개와 오랑우탕이 결혼해서 낳은 것은?

🌳 전광판이 자주 고장나고 정전이 되는 역은?

🌳 가도 가도 오 리밖에 못 가는 것은?

🌳 발은 발인데 하늘에서 춤추는 발은?

🌳 산이 있어도 평평하고 강이 있어도 물이 없고 길이 있어도 다니지 못하는 것은?

어떻게
해야하는건지...

휘이익~

| 오돌오돌 | 오랑캐 | 오류역 | 오리 | 깃발 | 지도 |

🌳 날아다니는 방울은?

🌳 땅 속에서 움직이는 철은?

🌳 세상에서 가장 큰 라면은?

🌳 세상이 모두 네모로 보이는 것은?

🌳 발도 없이 세상을 숨어서 돌아다니는 것은?

비누방울 지하철 바다가 육지라면 카메라, 텔레비전 돈

🌳우등생이란?

🌳비오는 날 신나서 쏘다니는 사람은?

🌳운전사가 가장 싫어하는 춤은?

🌳세상의 모든 것을 한꺼번에 덮을 수 있는 것은?

🌳철도가 있는데 기차가 못 가는 것은?

🌳자기는 걷지도 못하는 주제에 남을 날려 보내는 것은?

더 **빨리** 일해야지!

우겨서 등수를 올린 학생		우산장수	우선멈춤
눈꺼풀		지도	활

🌳 원앙 부부란?

🌳 세상에 제일 큰 컵은?

🌳 창문 100개 중 2개가 깨지면?

🌳 어른은 타지도 못하는데 어른이 있어야만 움직이는 차는?

🌳 머리가 없어도 살 수 있는 사람은?

🌳 걸어다니는 제비는?

| 원한과 앙심이 많은 부부 | 월드컵 | 윈도우 98 |
| 유모차 | 버르장머리 없는 사람 | 족제비 |

🌳 의사란?

🌳 한국 의상계에서 패션을 처음으로 창시한 분은?

🌳 이가 다 빠진 노인들이 좋아하는 연예인은?

🌳 원래는 내 것이지만 다른 사람들이 훨씬 더 많이
사용하는 것은?

🌳 우리나라에서 잠이 가장 많은 가수는?

🌳 발이 두 개 달린 소는?

의리의 사나이   의상대사   이나영   이름   이미자 이발소

🌳우리나라의 고대 유인원이 모여 살던 곳은?

🌳임꺽정이 타고 다니는 차는?

🌳창피함을 모르는 사람의 나이는?

🌳망치고 좋아하는 사람은?

🌳김은 김인데 못 먹는 김은?

🌳꼬리가 없어지고 다리가 생기는 것은?

유인촌(You in 촌) 으라차차차! 넉살 어부 입김 개구리

🌳차도가 없는 나라는?

🌳인도는 지금 몇 시인가?

🌳세상에서 가장 예의가 바른 돌의 이름은?

🌳세 사람만 탈 수 있는 차는?

🌳사람들이 즐거운 때만 피는 꽃은?

🌳진짜 알부자는 누구일까?

인도   인도네시아   인사돌   인삼차   웃음꽃   계란장수

🌳 닭의 나이는?

🌳 마귀는 마귀인데 나쁘지 않은 마귀는?

🌳 떨어지지 않고 날아오른 비는?

🌳 문은 문인데 누구도 가둘 수 없는 문은?

🌳 코로 웃는 웃음은?

🌳 금은 금인데 사고 팔 수 없는 금은?

81살(9*9)   까마귀   나비   소문   비웃음   손금

🌳 사람이 즐겨 먹는 제비는?

🌳 공부해서 남 주는 사람은?

🌳 엄마 아빠가 가장 좋아하는 공은?

🌳 갓 태어난 병아리가 찾는 약은?

🌳 고양이와 새에게는 있지만 뱀에게는 없는 것은?

🌳 거꾸로 매달린 집에 방이 무수히 많은 것은?

수제비   선생님   성공   삐약   다리   벌집

🌳식인종이 회사원을 보고 무엇이라고 할까?

🌳한국, 일본, 중국 사람 중 화장실에서 가장 먼저 나오는 사람은?

🌳눈사람의 반대 말은?

🌳오락실을 지키는 수호신인 용 두 마리는?

🌳걸어 다니며 찍는 도장은?

일반미   일본 사람   일어선 사람   일인용과 이인용   발자국

🌳한 몸에 심장이 두 개인 사람은?

🌳임전무퇴란 무슨 말인가?

🌳가장 달콤한 술은?

🌳아무도 믿을 수 없다는 사람이 가장 믿는 신은?

🌳다 자랐는데도 계속 자라라고 하는 것은?

🌳버스 운전기사가 버스에 올라가서 제일 먼저 잡는 것은?

임산부   임산부 앞에서는 침을 뱉지 않는다.   입술
자기 자신   자라   자리

🌳 세상에서 두 번째로 큰 차는

🌳 실패하면 살고 성공하면 죽는 것은?

🌳 세상에서 가장 착한 사자는?

🌳 무엇이든지 혼자 다 해먹는 사람은?

🌳 정원이 500인 배에 3명밖에 타지 않았는데 가라앉

고 말았다. 이유는?

🌳 잠잘 때 찾는 것은?

자메이카[제일 큰 차는 아프리카]	자살	자원봉사자
자취생	잠수함	잠자리

🌳다섯 놈은 당기고 다섯 놈은 들어가는 것은?

🌳1, 2, 3위보다 4위를 좋아하는 사람은?

🌳돈벌이에 눈이 먼 아비는?

🌳'씨름 선수들이 죽 늘어서 있다.'를 세 자로 줄이면?

🌳풍뎅이 중에 가장 오래 사는 풍뎅이는?

아이스크림이 교통 사고를 당했다. 그 이유는 무엇일까?

장갑   장모   장물아비   장사진   장수풍뎅이

🌳 남이 울 때 웃는 사람은?

🌳 단골이 전혀 없는 장사꾼은?

🌳 꽃이 제일 좋아하는 벌은?

🌳 오줌을 잘 싸는 사람은 오줌싸개, 그러면 빨리 싸는 사람은?

🌳 누구든지 노력하면 얻을 수 있는 금은?

🌳 저능아란?

장의사 장의사 재벌 잽싸게 저금 저력있고 능력있는 아이

🌳 역사적인 인물을 가지고 만든 톱은?

🌳 '옷을 홀딱 벗은 남자의 그림'을 4글자로 줄이면?

🌳 우리 나라에서 가장 오래된 공중 변소는?

🌳 간장은 간장인데 못 먹는 간장은?

🌳 매일 꿀만 찾는 동물은?

🌳 용이 가장 듣기 싫어하는 말은?

전기톱 전라남도 전봇대 애간장 꿀꿀 돼지 용용 죽겠지

🌳약은 약인데 아껴 먹어야 하는 약은?

🌳절세미녀란?

🌳식인종이 공무원을 보고 무엇이라고 할까?

🌳현역 군인이 가장 좋아하는 대학은?

🌳소녀 시대가 타는 차는?

🌳물러나야 이기는 것은?

절약	절에 세들어 사는 미친 여자	정부미
제대(제주대학)	제시카	줄다리기

🌳 알바가 열심히 일하면 어떻게 될까?

🌳 고추장, 간장, 된장을 만들다 잘못하여 버렸다. 무슨 장일

🌳 까?

🌳 개는 개인데, 물 속에 사는 개는?

🌳 '새와 말을 같이 있다'를 3글자로 하면?

🌳 배를 만들었던 시대는?

용 중에서 소리를 낼 수 없는 용은?

정규직   젠장   조개, 물개   조랑말   조선시대   조용

세종대왕의 새 직업은?

비는 비인데 잔인한 비는?

잠자는 소는?

얼굴은 6개 눈이 21개인 것은?

이 세상에서 가장 인정이 많은 중국의 학자는?

머리로 들어가고 입으로 나오는 것은?

조폐공사 모델   좀비 주무소 주사위 주자 주전자

🌳 책은 책인데 읽을 수 없는 책은?

🌳 소금을 죽이면?

🌳 IQ 80이 생각하는 산토끼의 반대말은?

🌳 '술과 차를 팔지 않는다'를 네 글자로 줄이면?

🌳 목에 깁스를 한 사람은 어떻게 잠을 잘까?

🌳 나무를 파고 들어가는 것은?

주책   죽염   죽은 토끼   주차금지   눈을 감고   톱

🌳 스포츠 경기 때마다 바쁜 역은?

🌳 중학생과 고등학생이 타는 차는?

🌳 절대로 울면 안 되는 날은?

🌳 사과를 먹다가 벌레를 발견하는 일보다 끔찍한 때는?

🌳 손님이 깎아 달라는 대로 다 깎아 주는 사람은?

🌳 두드려 맞는 것이 직업인 것은?

중계역	중고차	중국집 쉬는 날
그 벌레가 반만 발견되었을 때	이발사	야구공

🌳 석유만 나오는 역은?

🌳 중국인 환자들을 모아 놓으면?

🌳 쥐가 네 마리 모이면 무엇이 될까?

🌳 세상에서 가장 골치 아픈 끈은 ?

🌳 꼬리가 입에 달린 쥐는?

🌳 덥다 덥다 하면서 작아지는 것은?

중동역   중환자실   쥐포   지끈지끈   컴퓨터 마우스   얼음

🌲강과 바다가 있는데 물이 없고, 마을이 있는데 사람이 없고, 산은 있는데 나무와 풀 한포기 없는 이상한 곳은?

🌲지성인이란?

🌲탤런트 최지우가 기르는 개 이름은?

🌲기차 철로가 붙어 있다가 기차가 지나가면 벌어지는 것은?

🌲전축을 틀면 어떤 소리가 흘러 나올까?

지도   지랄 같은 성격의 소유자   지우개   지퍼   판소리

🌲 한국이 배출한 세계 최초의 여성 장군은?

🌲 가장 어렵게 지은 절은?

🌲 앞으로 하지 않고 뒤로 하는 절은?

🌲 무엇이든 꼭 보겠다고 우겨 대는 곡식은?

🌲 한 명으로 만원이 되는 것은?

🌲 높은 곳에서 애를 낳는 것은?

지하 여장군   우야곡절   기절   보리   화장실   하이에나

🌳문은 문인데 떠돌아다니는 문은?

🌳차만 타면 코 푸는 사람은?

🌳진짜 새의 이름은 무엇일까?

🌳창으로 찌르려고 할 때 하는 말은?

🌳사각형의 동생은?

🌳칠판이 웃으면 어떻게 될까?

소문 차이코프스키   참새 창피해! 사각 킥보드

🌳 천사란?

🌳 세상에서 가장 뜨거운 과일은?

🌳 서울 시민 모두가 한 번에 외치면 무슨 말이 될까?

🌳 천재란 어떤 사람인가?

🌳 숟가락으로 사과를 파 먹으면 어떻게 될까?

🌳 세상에서 가장 큰 나무는?

천년 묵은 독사   천도복숭아   천만의 말씀
천하에 재수 없는 녀석   파인애플   오리나무

🌳당신이 부산에서 7시에 떠나, 서울에 12시에 도착하는 열차를 탔다. 10시에 열차가 멈춘 곳은 어디일까?

🌳사람의 몸무게가 가장 많이 나갈 때는?

🌳못 팔고도 돈 번 사람은?

🌳청소하는 여자를 세 자로 줄이면?

🌳양초곽에 양초가 꽉 차 있을 때를, 세 자로 줄이면?

🌳사람이 가득 찬 버스의 값은?

철도 위   철들 때   철물점 주인   청소년   초 만원   만원

🌳겉으로는 눈물 흘리며 속으로 타는 것은?

🌳알은 알인데 날 수 있는 알은?

🌳먹을수록 덜덜 떨리는 음식은?

🌳춤을 추어서 뽑아내야 잘 뽑아내는 실은?

🌳돈이 많아도 못 사는 사람은?

🌳배로 걸어 다니는 것은?

촛불   총알   추어탕   덩실덩실   못 필요한 사람   뱀

🌳올림픽 경기에서 권투를 잘하는 나라는?

🌳물건은 물건인데 물 속에 들어가면 안 보이는 것은?

🌳손에 닿으면 안 되는 공은 ?

🌳선물로 주어도 발로 차버리는 것은?

🌳이상한 사람들만 가는 곳은?

🌳찾아오는 손님들 모두와 이상한 관계로 만날 수밖

에 없는 의사는?

칠레   유리   축구공   축구공   치과   치과 의사

🌳 어쩔수 없이 먹는 약은?

🌳 아무리 멀리 가도 가까운 사람은?

🌳 폭력배가 많은 나라는?

🌳 집에서 매일 먹는 약은?

🌳 싸움을 즐겨 하는 나라는?

🌳 칠을 칠하다 페인트통을 엎질러 페인트를 뒤집어 쓴 사람은?

치약   친척   칠레   치약   칠레   칠칠 맞은 사람

🌳묵은 묵인데 먹지 못하는 묵은?

🌳하라는 공부는 안 하고 무엇이 되었을까?

🌳자동차 10대가 달리는 레일은?

🌳이 세상에서 가장 힘든 일은?

🌳사람이 즐겨 마시는 피는?

🌳파는 파인데 먹지 못하는 파는?

침묵 카라 카텐레일 칼로 물베기 커피 노파, 전파

한 발만 붙이고 한 발만 움직이는 것은?

엄마 토마토가 아기 토마토에게 '커서 무엇이 될래?' 하고 물었다. 무엇이라고 대답하였을까?

딱지는 딱지인데 우리 몸 속에서 나온 딱지는?

모든 사람의 찬성으로 만들어진 건물은?

많이 타야 좋은 사람은?

병은 병인데 아무리 앓아도 아프지 않은 병은?

컴퍼스   케첩이 될래요!   코딱지   콜로세움   버스 기사   꾀병

🌳 '곰돌이 푸가 길을 가다 넘어졌다'를 두 글자로 줄이면?

🌳 땅바닥을 쿵 구르고 손바닥을 후 부는 것은?

🌳 아이스크림에는 있는데 얼음에 없는 것은?

🌳 비를 누른 가수는?

🌳 왕이 넘어지면 뭐가 될까?

🌳 스님들이 전혀 걱정하지 않는 병은?

후~

쿵푸   쿵푸   크림   클릭비   킹콩   탈모

🌳 걱정이 많은 사람이 오르는 산은?

🌳 초고추장보다 높은 것은?

🌳 공포 영화를 봐도 끄떡하지 않는 연예인은?

🌳 자기의 몸을 자기가 때리고 소리 높여 우는 것은?

🌳 사람들이 제일 싫어하는 통은?

🌳 눈 감은 사람들만 앉을 수 있는 자리는?

태산   태양초 고추장   태연실   닭   고통   꿈자리

🌳 노래도 하고 이야기도 하는데 아무도 없는 것은?

🌳 토끼들이 제일 잘하는 것은?

🌳 밥은 밥인데 못 먹는 밥은?

🌳 벌건 대낮에도 홀랑 벗고 손님을 기다리는 것은?

🌳 우리나라에서 도통한 스님이 가장 많은 절은?

🌳 착각 속에서 돈을 버는 사람은?

텔레비전   토끼기〈도망치기, 튀기〉 톱밥 통닭 통도사   사진사

🌳식인종이 자동차를 보면 무엇이라고 할까?

🌳눈은 눈인데 보지 못하는 눈은?

🌳소녀 시대가 티를 팔고 있다. 지나가던 아저씨가 하는 말은?

🌳파란색 Y셔츠와 양복을 입고 파란색 차에 치인 상황을 뭐라고 하나?

🌳매일 떼돈을 버는 사람은?

🌳아프지 말라고 엉덩이를 때리는 사람은?

| 통조림 깡통 | 티눈, 쌀눈 | 티파니 | 파란만장 |
| 교통사고 | 목욕 관리사 | | 간호사 |

🌳 가장 싼 사냥 도구는?

🌳 파 중에서 인기가 제일 많은 파는?

🌳 IQ 150이 생각하는 산토끼의 반대말은?

🌳 세상에서 가장 장사를 잘하는 동물은?

🌳 전축을 틀면 흘러나오는 소리는?

🌳 두드리면 두드릴수록 칭찬 받는 것은?

고생 이렇게 도하는거야   정말?

파리채   파스타   판 토끼   판다   판소리   안마

🌲무엇이든 팔 수 있는 나라는?

🌲고추잠자리를 두 글자로 줄이면?

🌲베트남에서 유명한 축구선수 이름은?

🌲때리기를 잘하기로 소문난 깡패는?

🌲이 세상에 태어나 단 한 번만 먹고 입을 다물어 버리는 것은?

🌲네 마리의 고양이가 괴물이 되면?

팔라우   팬티   펑차우   펠레   편지봉투   포켓몬스터

🌳푸가 여러 마리 있으면?

🌳축구공이 웃으면?

🌳동그란 모양인데 만지면 물렁물렁하고 끝에 꼭지가

있는 것은?

🌳가장 큰 곤충이 있는 나라는?

🌳파리는 파리인데 날지 못하는 파리는?

🌳아홉 명의 아이를 세 자로 줄이면?

푸들   풋볼   풍선   프랑스 파리   프랑스 파리   아이구

🌳P가 죽으면?

🌳윗니보다 아랫니가 많은 것은?

🌳피자가 놀라면?

🌳돌고래는 영어로 돌핀이다. 그럼 그냥 고래는 무엇

　이라 부를까?

🌳핀은 핀인데 꽂을 수 없는 핀은?

🌳자식을 낳고 우는 것은?

피고인　　피아노　　피자헛　　핀　　필리핀　　암탉

🌳 하늘의 별 따기보다 어려운 것은?

🌳 우리에게 내일이 없다고 누가 그랬나?

🌳 호랑이에게 덤벼드는 용감한 개 이름은?

🌳 '웃으면서 인사하다'를 세 글자로 하면?

하늘에 별 달기　　하루살이　　하룻 강아지　　하이킥

🌳전쟁 중에 장군이 가장 받고 싶어하는 복은?

🌳바가지는 바가지인데 쓰지 못하는 바가지는?

🌳가을이면 처마에서 눈물도 흘리지 않고 우는 것은?

🌳맛있는 비는?

🌳박은 박인데 하늘에서 떨어지는 박은?

🌳받기만 하고 주지 못하는 것은?

🌳 바닷가에 가서 하는 욕은?

🌳 낮에만 가는 시계는?

🌳 해에게 오빠가 있다. 누구인가?

🌳 식인종이 신입생을 보고 무엇이라고 할까?

🌳 주머니는 주머니인데 걸어다니는 주머니는?

🌳 눈 코 뜰새 없을 때는?

해수욕   해시계   해오라비   햅쌀   아주머니   머리 감을 때

🌳공은 공인데 찰 수 없는 공은?

🌳허수아비의 아들 이름은?

🌳인정도 없고, 눈물도 없는 몹쓸 아버지는?

🌳하얀 오줌으로 만든 초콜렛은?

🌳떡 중에 가장 빨리 먹는 떡은?

🌳슬픈 영화나 음악을 좋아하는 사람이 가장 잘 먹는

음식은?

허공　　허수　　허수아비　　　허쉬초콜렛　　헐레벌떡　　울면

🌳 한국에서 가장 급하게 만든 떡은?

🌳 모든 것을 가지고 있는 것은?

🌳 굶는 사람이 많은 나라는?

🌳 동생이 형을 좋아하면?

🌳 세상에서 가장 무거운 사람은?

🌳 잠꾸러기가 제일 좋아하는 곤충은?

헐레벌떡   사전   헝가리   형광펜   철 든 사람   잠자리

🌳아우디보다 먼저 나온 차는?

🌳 형사란?

🌳 머리와 발이 똑 같은 날은?

🌳 호주의 떡은?

🌳 호남형이란?

🌳 세상에서 제일 시끄러운 구리는?

| 형디 | 형편 없이 사는 사람 | 일요일 |
| 호떡 | 호떡 같이 생긴 형 | 딱따구리 |

🌳호주의 술은?

🌳호주의 돈은?

🌳노처녀들이 가장 좋아하는 약은?

🌳세상에서 가장 야한 닭은?

🌳바람이 불어야 좋은 사람은?

🌳방은 방인데 들어가지 못하는 방은?

호주   호주머니   혼약   홀닭   뱃사공   김서방

🌳빨간 길 위에 떨어진 동전을 네 글자로 줄이면?

🌳세상에서 가장 큰 콩은?

🌳세상에서 가장 뜨거운 통화는?

🌳아무리 두들겨도 안 열리는 문은?

🌳자루는 자루인데 담지 못하는 자루는?

🌳세상에서 제일 알 수 없는 금은?

홍길동전   홍콩   화상통화   화장실문   빗자루   궁금

🌳비로서 인정을 받은 사람은 ?

🌳우리나라에서 가장 활을 잘 쏘는 사람은?

🌳유일하게 날로 먹을 수 있는 오리는?

🌳신경통 환자가 제일 싫어하는 악기는?

🌳모든 사람이 가장 좋아하는 일은?

🌳서서 자는 것은?

환경 미화원   활명수   회오리   비올라   휴일   말

🌳소는 소인데 날아다니는 소는?

🌳뜨겁지 않은 불은?

🌳물에 넣어도 젖지 않고 불에 넣어도 타지 않는 것은?

🌳거지가 싫어하는 색은?

🌳세상에서 가장 똑똑한 벌레는?

🌳더우면 키가 커지고 추우면 키가 작아지는 것은?

하늘소   반딧불   그림자   인색   책벌레   온도계

🌳곰돌이 푸가 옥수수밭에서 길을 잃으면?

🌳보러 갔다가 잔뜩 사가지고 오는 것은?

🌳등에 산봉우리를 짊어지고 떠나는 것은?

🌳인터넷에 사는 곤충은?

🌳때리면 먹기 좋아지는 것은?

🌳높은 곳만 오르내리는 다리는?

콘푸로스트   장보기   낙타   골뱅이   북어   사다리

🌳 초는 초라도 불 못 켜는 초는?

🌳 손님이 뜸하면 뜸할수록 기뻐하는 의사는?

🌳 망원경으로 보아도 보이지 않고 현미경으로 보아도

보이지 않는 것은?

🌳 사람들이 답답하게 느끼는 물은?

🌳 수줍은 사람이 추는 춤은?

🌳 때리고 훔치면 사람들이 좋아하는 것은?

왕초   한의사   사람의 마음   우물쭈물   주춤주춤   야구

🌳 사공이 아주 많으면 배가 어떻게 되나?

🌳 개미의 목구멍보다 작은 것은?

🌳 '당신은 지상 최고의 미남, 미녀이다.'를 4자로 줄이면?

🌳 곤충을 3등분하면?

🌳 육지에 사는 고래는?

🌳 머리에 보약을 이고 다니는 것은?

가라 앉는다.   개미 먹이   고걸 믿니   죽는다   술고래   사슴

🌳도둑이 없는 도둑 마을은?

🌳하늘이 파란 이유는?

🌳먹을 수 없는 간장은?

🌳아무 것도 믿지 않는 사람이 유일하게 믿는 신은?

🌳사람이 죽어야만 나타나는 의사는?

🌳바다에 사는 파리는?

교도소   구름이 없으니까   애간장   자기 자신 장의사 해파리

🌳 여름이 오면 울다 죽는 것은?

🌳 차마 눈뜨고 볼 수 없는 여자는?

🌳 우리가 수업 시간에 자는 이유는?

🌳 겁없는 쥐가 한마디 하자, 고양이가 도망갔다. 쥐

　가 한 말은?

🌳 소금장수가 제일 좋아하는 사람은?

🌳 엄마는 날아다니고 아기는 기어다니는 것은?

매미　꿈속의 여자　꿈을 갖기 위해서　나 쥐약 먹었다.
싱거운 사람　　　나비

🌳공처가와 애처가의 공통점은?

🌳낫 놓고 기역자도 모르는 이유는?

🌳절벽에서 떨어지다가 나무에 걸려 살아난 사람은?

🌳미국의 자유 여신상은 왜 서 있을까?

🌳돈 주고 병을 얻는 사람은?

🌳제비가 가을이면 남쪽으로 날아가는 이유는?

남자   낫이 부러졌기 때문에   덜 떨어진 사람
의자가 없으니까   고물장수   걸어가기 힘드니까

🌳생활의 지혜가 담긴 속담 중 최고의 거짓말을 하는 속담은?

🌳나폴레옹은 전쟁터에 나갈 때 왜 항상 빨간벨트를 찼을까?

🌳기린의 목이 긴 이유는?

🌳파리는 파리인데 날지 못하는 파리는?

🌳바닷물이 짠 이유는?

🌳누워서 보는 자리는?

뒤로 넘어져도 코가 깨진다.　　바지가 흘러 내리니까　　머리가
몸에서 멀리 떨어져 있기 때문　　해파리　　물고기가 땀을
내면서 뛰어 놀기 때문에　　별자리

🌲참새와 독수리가 공중에서 정면 충돌을 했다면 무

슨 현상일까?

🌲밤에는 도저히 할 수 없는 것은?

🌲덩치는 크지만 물지도 짓지는 못하는 개는?

🌲겨울이면 옷을 벗고 여름이면 옷을 입는 것은?

🌲많이 먹을수록 가벼워지는 것은?

🌲달리면 서고, 달리지 않으면 쓰러지는 것은?

보기 드문 현상   낮잠   고개   나무 풍선   자전거

🌳정비소 아저씨와 세탁소 아저씨가 좋아 하는 차는?

🌳올리버라는 아이를 흔들면?

🌳거꾸로 서면 3분의 1을 손해보는 숫자는?

🌳몸은 흰데 노란 옷을 입은 것은?

🌳아무리 맞아도 아프지 않은 것은?

🌳항상 왼쪽과 오른쪽을 반대로 보여주는 것은?

아이 시원해~!

조심하라구~!

구기자차   올리버 트위스트   숫자9   참외   눈 거울

🌳 사람에게 배꼽이 있는 이유는?

🌳 파 묻으면 나오는 것은?

🌳 나팔을 달았지만 소리가 나지 않는 것은?

🌳 한 겨울에만 살다 죽는 사람은?

🌳 밤에는 찾아올 수 없는 것은?

🌳 하늘로 씨를 뿌리는 것은?

앞뒤를 구별하기 위해서   파   나팔꽃   눈사람   해 민들레

🌳거꾸로 서면 2분의 1을 이익 보는 숫자는?

🌳학교 실내에서 싸우는 것은?

🌳정삼각형의 동생 이름은?

🌳싸운 사람들이 먹어야 하는 과일은?

🌳아무리 잘 먹어도 속이 빈 것은?

🌳잎 끝에 꽃이 피는 것은?

| 숫자6 | 실내화 | 정삼각 | 사과 | 대나무 | 파 |

🌲백인이 보드를 타면?

🌲물만 먹으면 죽는 것은?

🌲물에 젖을수록 가벼워지는 것은?

🌲아무리 가도 서로 만나지 못하는 것은?

🌲입도 없이 남의 말을 따라하는 것은?

🌲1년 중 28일이 들어 있는 달은 몇 달일까?

야호~ Good~

따라 잡을수가 없네

네구르르르~

화이트보드   불   소금   평행선   메아리   12달

🌲 네 마리의 고양이가 괴물이 되면?

🌲 차마 눈뜨고 볼 수 없는 여자는?

🌲 추운 날에는 보이지만 더운 날에는 보이지 않는 것은?

🌲 벗길수록 눈물이 나는 것은?

🌲 피를 뽑아야 더 잘 사는 것은?

🌲 아무리 보아도 못 생겼다고 구박 받는 것은?

포켓몬스타   꿈속의 여자   입김   양파   벼 호박

두 손에 가위를 들고 거품을 내며 옆으로 가는 것은?

겉은 보름달인데 속은 반달인 과일은?

토끼가 좋아하는 풀은?

박물관에 꼭 필요한 물은?

가면 갈수록 자꾸만 멀어지기만 하는 것은?

늘 남의 머리만 쓰다듬는 것은?

꽃게 　 귤 　 토끼풀 　 유물 　 떠난 곳 　 빗

🌳 세상에서 가장 비싼 새는?

🌳 아이들이 좋아하는 버스는?

🌳 식인종에게 엘리베이터는?

🌳 개와 소에게는 없지만 염소에게는 있는 것은?

🌳 가는 곳도 모르면서 무작정 가기만 하는 것은?

🌳 사람이 가장 싫어하는 통은?

백조   투니버스   자동 판매기   받침   세월   고통

🌳식인종에게 병원은?

🌳식인종에게 바비 인형은?

🌳식인종에게 쌍둥이는?

🌳사오정이 배를 저을 때 쓰는 노는?

🌳사오정의 나라 국기는?

🌳불을 절대로 가까이 하면 안 되는 금은?

불량식품 그림의 떡 원 플러스 원   뭐라카노 보청기 화기엄금

🌳 바보의 뜻은?

🌳 신라면 다음에 나올 제품은?

🌳 무가 눈물을 흘리면?

🌳 감이 싸우다 죽으면?

🌳 비가 올 때만 나타나는 산은?

🌳 사람이 가장 좋아하는 통은?

바다의 보물	통일신라면(신라 다음에 통일신라)	무뚝뚝
감전사	우산	운수대통

🌳화장실에 갔다 나온 사람을 4글자로 뭐라고 할까?

🌳짝이 있어야 밥을 먹는 것은?

🌳매일 남의 옷만 입고 있는 것은?

🌳이 사람 저 사람에게 바람을 피워도 모두 좋아하는

것은?

🌳무엇이든 아끼고 싶은 사람들이 먹는 것은?

🌳문은 문인데 그 문으로 온 세상을 다 볼 수 있는 문은?

너무 힘이 드네요   더 가벼운거 같아

볼일 봤다   젓가락   마네킹   선풍기   절약   신문

🌳 집과 집을 나누는 벼락은?

🌳 글자를 먹고 까만 똥을 싸는 개는?

🌳 깎으면 깎을수록 커지는 것은?

🌳 언제나 흑심을 먹고 사는 것은?

🌳 늙을수록 젊어 보이는 것은?

🌳 돈은 돈인데 쓸 수 없는 돈은?

담벼락   지우개   구멍   연필   사진   사돈

🌳 오랜 봉사활동을 거쳐 빛을 본 사람은?

🌳 귀에 걸치는 다리는?

🌳 다리로 올라가 엉덩이로 내려오는 것은?

🌳 바람이 불어야 움직이는 차는?

🌳 똑똑한 사람만 들어갈 수 있는 곳은?

🌳 온 가족이 모두 오기만을 기다리는 배는?

심봉사   안경 다리   미끄럼틀   풍차   화장실   택배

🌲물은 물인데 오래된 물은?

🌲쓸 수는 있지만 읽을 수 없는 것은?

🌲짝수로 타야만 움직이는 소는?

🌲때리면 때릴수록 깊이 들어가는 것은?

🌲세상에서 정신 없는 절은?

🌲불을 일으키는 비는?

고물   모자   시소   못   기절   도깨비

🌳 식인종에게 아파트는?

🌳 둘이 먹다 둘이 죽어도 모르는 것은?

🌳 피부는 초록이고 속살은 빨간 것은?

🌳 봄에만 잠깐 사는 강아지는?

🌳 소리 없이 부서지기만 하는 방울은?

🌳 가을 들판에서 소리 없이 사는 새는?

종합선물세트   연탄가스   수박   버들강아지   물방울   억새

🌳어린 물고기들 중의 대장은?

🌳술에 취해 빨개진 무는?

🌳숲 속에서 큰 모자를 쓰고 서 있는 것은?

🌳매일 방귀만 뀌고 사는 나무는?

🌳공은 공인데 가지고 놀 수 없는 공은?

🌳물도 아닌데 자기가 물이라고 우기는 것은?

치어리더　　홍당무　　버섯　　뽕나무　허공　나물

🌳 콩쥐의 깨진 독을 수리한 동물은?

🌳 가지는 가지인데 못 먹는 가지는?

🌳 방울은 방울인데 소리 나지 않는 방울은?

🌳 가지가지 하면서 아무데도 가지 않는 것은?

🌳 삶을수록 굳어지는 것은?

🌳 세상에서 가장 큰 나무는?

너무 **힘**이 드네요

독수리 오형제   나뭇가지   솔방울   가지   계란   대나무

🌳 '곰'을 뒤집어 놓으면 '문'이 된다. '소'를 뒤집어 놓으면?

🌳 엉덩이에 모자를 쓰고 있는 것은?

🌳 꽃은 꽃인데 뜨거운 꽃은?

🌳 시원하지 않는 바람은?

🌳 잘못한 것도 없는데 용서를 비는 과일은?

🌳 불을 켤 수 없는 초는?

발버둥친다   도토리   불꽃   치맛바람   사과   식초

🌳인삼은 6년근일 때 캐는 것이 좋다. 산삼은 언제

캐는 것이 제일 좋은가?

🌳잘못하면 코를 풀고 다시 해야 하는 것은?

🌲이 세 개가 흔들리면 어디로 가야 하나?

🌲물건을 사고도 돈을 받는 것은?

🌲약도 아니데 약이라고 하는 것은?

🌲팔도 다리도 없는데 끌어당기는 것은?

보는 즉시   뜨개질   치과   거스름돈   건전지   자석

🌳성미 급한 사람들이 비춰 주는 달은 ?

🌳탕은 탕인데 달콤한 탕은?

🌳뼈가 없는 물고기는?

🌳하루만 지나면 헌 것이 되는 것은?

🌳언제나 신제품만 만드는 곳은?

🌳환하면 안 보이고 어두우면 잘 보이는 것은?

안달복달   설탕   붕어빵   신문   신발공장   영화

🌲 사냥꾼에게 생포된 곰이 하는 말은?

🌲 장군은 장군인데 싸우지도 못하는 장군은?

🌲 먹으면 나쁜 사람이 되는 물은?

🌲 발가벗고 동굴 속으로 들어가는 것은?

🌲 사람들이 등에 지고 날아다니는 산은?

🌲 큰 물고기는 들어가고 작은 물고기는 들어갈 수 없는 것

은?

나 쓸개 빠진 곰이에요 동장군 뇌물 껌 낙하산 그물

음식에 앉은 파리를 내쫓자, 파리가 한 말은?

영원히 오지 않는 날은?

죽은 나무가 물 위를 달리는 것은?

들어갈 땐 머리를 얻어 맞고 나올 땐 머리가 뽑히는 것은?

고추장이나 된장을 잘못 담그면?

무거울수록 위로 올라가고 가벼울수록 밑으로 내려

오는 것은?

내가 먹으면 얼마나 먹는다고   내일   배   못   젠장   저울

🌳문은 문인데 닫지 못하고 열지도 못하는 문은?

🌳얼굴이 여섯이고 눈이 스물 하나인데 잘 뒹구는 것은?

🌳여름에 먹으면 배부르지도 않고 정신이 없어지는 것은?

🌳베개를 수없이 많이 베고 있는 것은?

🌳벼락을 잡아먹고 사는 것은?

🌳해골들이 자는 방은?

소문   주사위   더위   철도   피뢰침   골방

재미있는
수수께끼 천국

초판 발행 2015년 9월 25일

글 ; 그림 편집부

펴낸이 서영희 | 펴낸곳 와이 앤 엠

편집 임명아

본문인쇄 신화 인쇄 | 제책 일진 제책

제작 이윤식 | 마케팅 강성태

주소 120-100 서울시 서대문구 홍은동 376-28

전화 (02)308-3891 | Fax (02)308-3892

E-mail yam3891@naver.com

등록 2007년 8월 29일 제312-2007-00004호

ISBN 978-89-93557-62-6 63710